AF175663

Impressum
Verlag: BABADADA GmbH, Nedderfeld 112 , 22529 Hamburg
Geschäftsführer / Verlagsleitung: Harald Hof
Druck: Books on Demand GmbH, In de Tarpen 42, 22848 Norderstedt

Imprint
Publisher: BABADADA GmbH, Nedderfeld 112 , 22529 Hamburg, Germany
Managing Director / Publishing direction: Harald Hof
Print: Books on Demand GmbH, In de Tarpen 42, 22848 Norderstedt, Germany

shkolla
学校

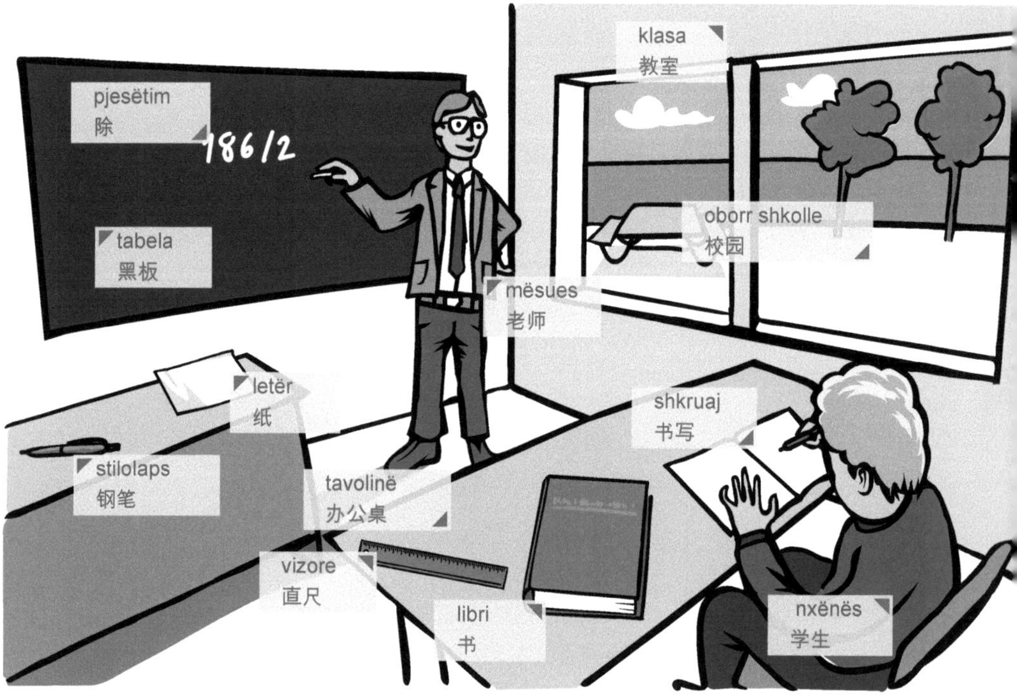

klasa
教室
pjesëtim
除
186/2
tabela
黑板
oborr shkolle
校园
mësues
老师
letër
纸
shkruaj
书写
stilolaps
钢笔
tavolinë
办公桌
vizore
直尺
libri
书
nxënës
学生

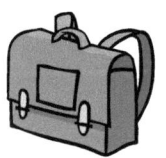

çantë
书包

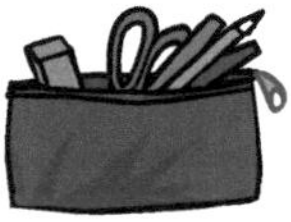

mbajtëse lapsash
铅笔盒

laps
铅笔

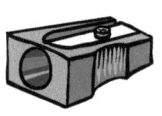

mprehës lapsash
卷笔刀

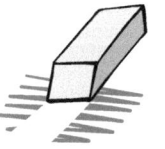

gomë
橡皮擦

fletore vizatimi
画板

vizatim

图画

penel

画笔

kuti bojërash

颜料盒

gërshërë

剪刀

ngjitës

胶水

fletore detyrash

练习册

detyrë shtëpie

家庭作业

numër

数字

mbledh

加

zbres

减

shumëzoj

乘

llogaris

计算

gërmë

字母

alfabeti

字母表

fjalë

字

tekst

课文

lexoj

读

shkumës

粉笔

mësim

上课

regjistër

登记

provim

考试

çertifikatë

证书

uniformë shkolle

校服

arsimim

教育

enciklopedia

百科全书

universitet

大学

mikroskop

显微镜

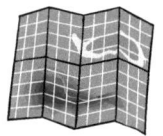

hartë

地图

kosh letrash

废纸筐

hotel
酒店

Grand

bujtinë
青年旅社

ROOMS

pikë këmbimi valutor
外币兑换处

EXCHANGE

valixhe
手提箱

makinë
汽车

gjuhë

语言

po / jo

是/否

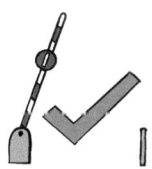

Në rregull

好的

ç'kemi

您好

përkthyes

翻译员

Faleminderit

谢谢

sa kushton…?

……多少钱？

nuk e kuptoj

我不明白

problem

问题

Mirëmbrëma!

晚上好！

Mirëmëngjes!

早上好！

Natën e mirë!

晚安！

mirupafshim

再见

drejtim

方向

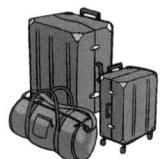

bagazhet

行李

çantë

包

çantë shpine

双肩包

mysafir

客人

dhomë

房间

thes gjumi

睡袋

tendë

帐篷

informacion për turistët

旅游信息

plazh

海滩

kartë krediti

信用卡

mëngjes

早餐

drekë

午餐

darkë

晚餐

Biletë

票

ashensor

电梯

pulla

邮票

kufi

边界

doganë

海关

ambasadë

大使馆

vizë

签证

pasaportë

护照

transport
交通运输

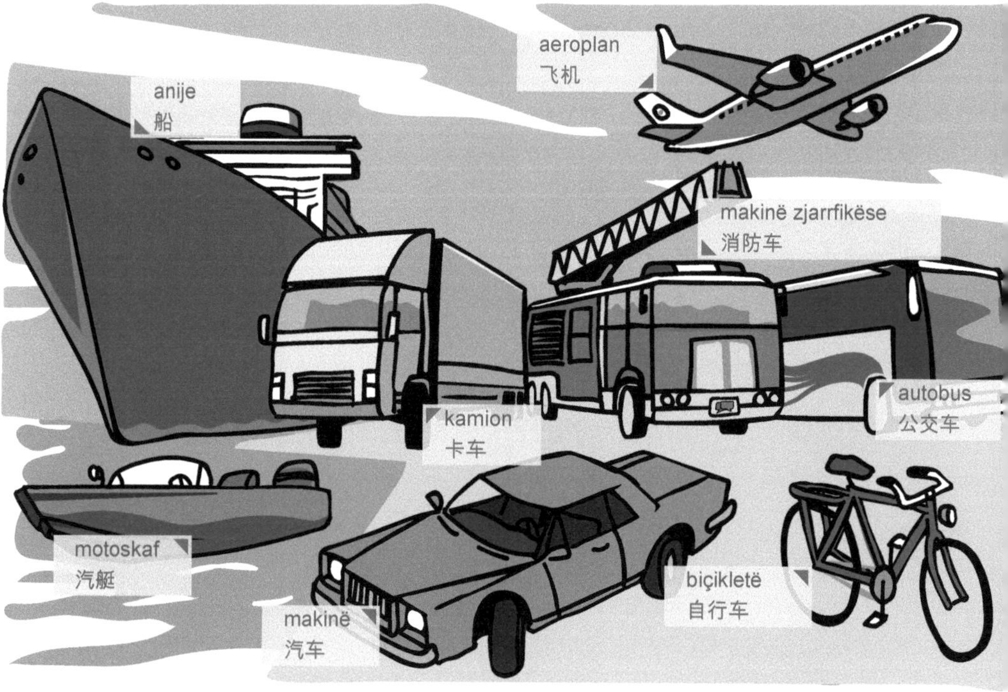
aeroplan
飞机
anije
船
makinë zjarrfikëse
消防车
autobus
公交车
kamion
卡车
motoskaf
汽艇
biçikletë
自行车
makinë
汽车

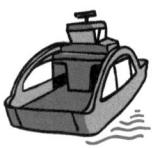

traget
....
摆渡船

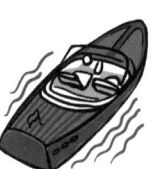

varkë
....
小船

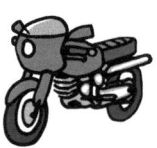

motoçikletë
....
摩托车

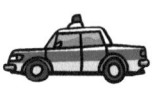

makinë policie
....
警车

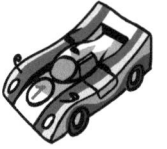

makinë garash
....
赛车

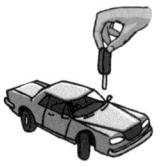

makinë me qira
....
租车

ndarje e qirasë së makinës

拼车

karroatrec

拖车

makinë plehrash

垃圾车

motor

发动机

benzinë

汽油

pikë karburanti

加油站

sinjalistikë trafiku

交通标志

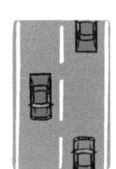

trafik

交通

bllokim trafiku

交通堵塞

parkim makinash

停车场

stacion treni

火车站

trase

轨道

tren

火车

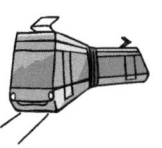

tramvaj

电车

karro

货车

helikopter

直升机

aeroport

机场

kullë

塔

pasagjer

乘客

kontenier

集装箱

kuti kartoni

纸板箱

qerre

手推车

shportë

篮子

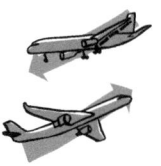

ngrihem / ulem

起飞/降落

qytet

城市

fshat

村庄

qendra e qytetit

市中心

shtëpi

房子

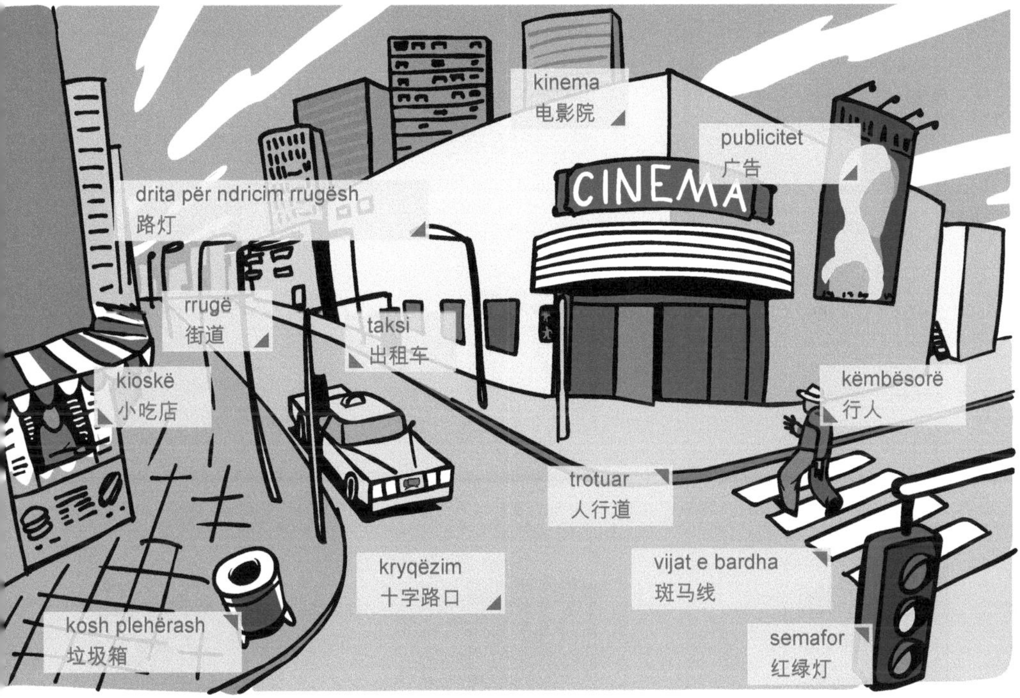

kinema
电影院
publicitet
广告
CINEMA
drita për ndricim rrugësh
路灯
rrugë
街道
taksi
出租车
kioskë
小吃店
këmbësorë
行人
trotuar
人行道
kryqëzim
十字路口
vijat e bardha
斑马线
kosh plehërash
垃圾箱
semafor
红绿灯

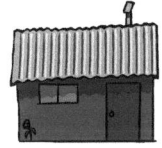

kasolle

小屋

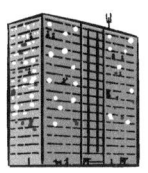

apartament

公寓

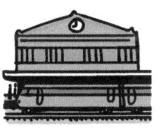

stacion treni

火车站

bashki

市政厅

MUSEUM

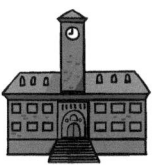

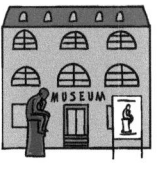

muze

博物馆

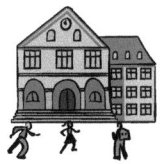

shkolla

学校

universitet

大学

bankë

银行

spital

医院

hotel

酒店

farmaci

药房

zyrë

办公室

librari

书店

dyqan

商店

dyqan lulesh

花店

supermarket

超市

market

市场

mapo

百货商店

dyqan peshku

鱼店

qëndër tregtare

购物中心

port

海港

park

公园

stol

长凳

urë

桥

shkallë

楼梯

metro

地铁

tunel

隧道

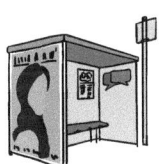

stacion autobuzi

公交车站

bar

酒吧

restorant

餐馆

kuti postare

邮筒

sinjalistikë rrugore

路标

kohëmatës parkimi

停车计时器

kopsht zoologjik

动物园

pishinë

游泳馆

xhami

清真寺

fermë

农场

ndotje

污染

varrezë

墓地

kishë

教堂

shesh lojërash

操场

tempull

寺庙

peisazh

地形

gjethe
树叶

tabela orientuese
指示牌

rrugë
路

livadh
草地

gurë
石头

ekskursionist
徒步旅行者

pemë
树

lumë
河

bar
草

lule
花

luginë

峡谷

kodër

山

liqen

湖

pyll

森林

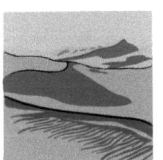

shkretëtirë

沙漠

vullkan

火山

kështjellë

城堡

ylber

彩虹

kepudhë

蘑菇

palmë

棕榈树

mushkonjë

蚊子

mizë

苍蝇

milingonë

蚂蚁

bletë

蜜蜂

merimangë

蜘蛛

brumbull

甲虫

bretkosë

青蛙

ketër

松鼠

iriq

刺猬

lepur

野兔

buf

猫头鹰

zog

鸟

mjellmë

天鹅

derr i egër

野猪

dre

鹿

dre brilopatë

麋鹿

digë

水坝

turbinë ere

风力发电机

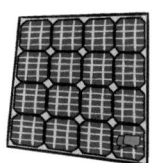

panel diellor

太阳能电池板

klimë

气候

kamarier
服务员

menu
菜单

karrige
椅子

supë
汤

pica
披萨饼

set ngrënieje
餐具

mbulesë tavoline
桌布

pjatë e parë

前菜

pjatë kryesore

主菜

ëmbëlsirë

甜点

pije

饮料

ushqim

食物

shishe

瓶子

ushqim i shpejtë

快餐

ushqim i shërbyer në rrugë

街边小吃

ibrik çaji

茶壶

kuti sheqeri

糖盒

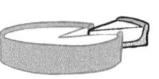

racion

一份饭菜

makinë kafeje ekspres

意式咖啡机

karrige e lartë

高脚椅

faturë

账单

tabaka

托盘

thika

刀

pirun

餐叉

lugë

勺子

lugë çaji

茶匙

pecetë

餐巾

gotë

玻璃杯

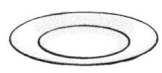

pjatë

碟子

pjatë supe

汤盘

pjatë filxhani

碟子

salcë

酱

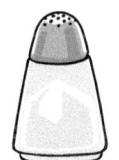

mbajtëse kripe

盐瓶

mulli piperi

胡椒磨

uthull

醋

vaj

食用油

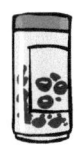

erëza

调味料

keçap

番茄酱

mustardë

芥末

majonezë

蛋黄酱

supermarket
超市

ofertë speciale
特价
FOR
klient
顾客
produkte bulmeti
乳制品
frut
水果
karrocë pazari
购物车

BUTCHERS

dyqan mishi

肉铺

BAKERY

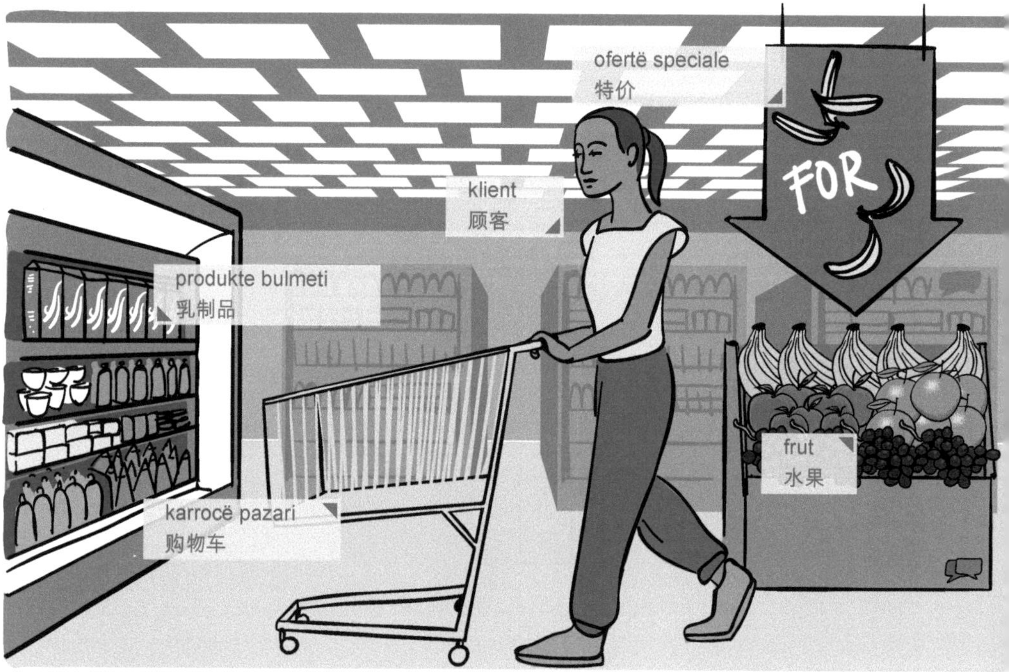

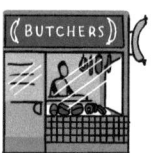

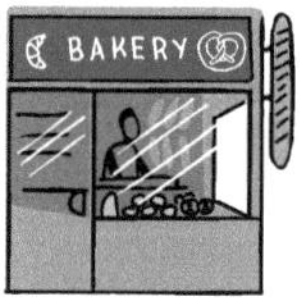

furrë buke

面包房

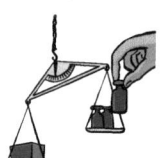

peshoj

称重

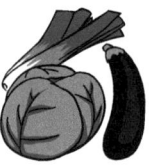

perime

蔬菜

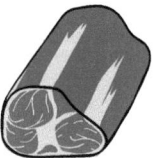

mish

肉

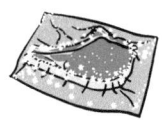

ushqim i ngrirë

冷冻食品

copë

冷盘

ushqim i konservuar

罐头食品

pluhur larës

洗衣粉

ëmbëlsirat

甜食

prodhime shtëpie

日用品

produkte pastrimi

清洁用品

shitëse

销售员

kasë fiskale

收银机

arkëtar

收银员

listë blerjeje

购物清单

oraret e punës

开放时间

portofol

钱包

kartë krediti

信用卡

çantë

袋子

qese plastike

塑料袋

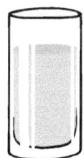

ujë

水

lëng frutash

果汁

qumësht

牛奶

koka-kola

可乐

verë

红酒

birrë

啤酒

alkool

酒

kakao

可可

çaj

茶

kafe

咖啡

kafe ekspres

意式浓缩咖啡

kapuçino

卡布奇诺

banane

香蕉

mollë

苹果

portokalle

橙子

pjepër

西瓜

limon

柠檬

karrotë

胡萝卜

hudhër

大蒜

bambu

竹子

qepë

洋葱

kërpudha

蘑菇

arra

坚果

makarona

面条

spageti

意大利面条

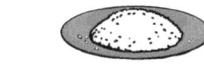

oriz

米饭

sallatë

沙拉

patate të skuqura

薯条

patate të skuqura

炸土豆

pica

披萨饼

hamburger

汉堡包

sanduiç

三明治

shnicel

炸猪排

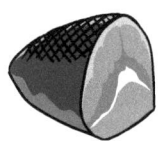

proshutë

火腿

sallam

萨拉米

salçiçe

香肠

pulë

鸡肉

skuq

烤肉

peshk

鱼

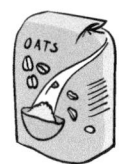

tërshërë

燕麦片

drithëra

穆兹利

kornfleiks

玉米片

miell

面粉

kruasant

羊角面包

panine

面包卷

bukë

面包

tost

烤面包

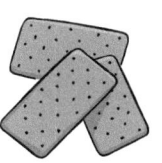

biskotë

饼干

gjalp

黄油

gjizë

凝乳

tortë

蛋糕

vezë

蛋

vezë sy

煎蛋

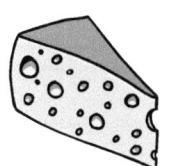

djathë

奶酪

akullore

冰激凌

sheqer

糖

mjaltë

蜂蜜

marmaladë

果酱

çokokrem

巧克力酱

këri

咖喱饭

fermë
农场

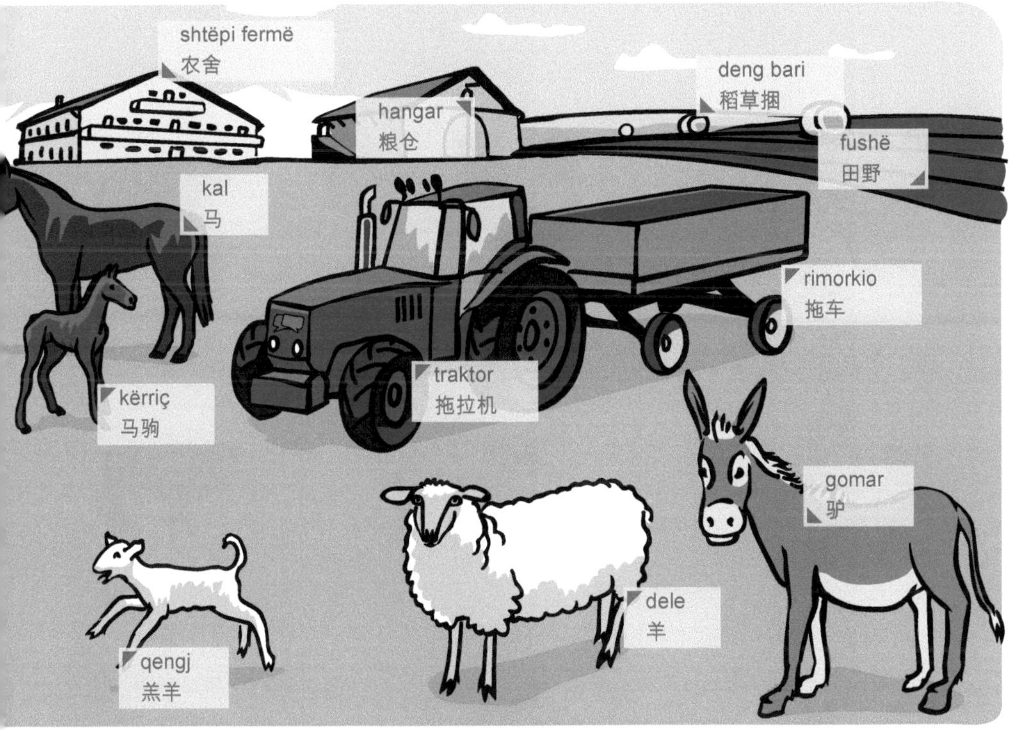
shtëpi fermë
农舍
hangar
粮仓
deng bari
稻草捆
fushë
田野
kal
马
rimorkio
拖车
traktor
拖拉机
kërriç
马驹
gomar
驴
dele
羊
qengj
羔羊

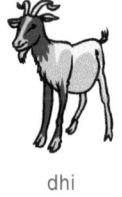

dhi
山羊

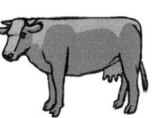

lopë
奶牛

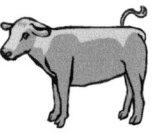

viç
牛犊

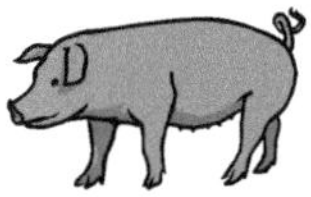

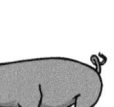

derr
猪

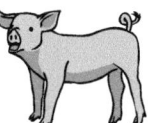

derrkuc
小猪

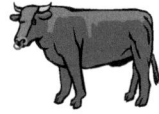

dem
公牛

patë

鹅

rosë

鸭

zog pule

小鸡

pulë

母鸡

gjel

公鸡

mi

鼠

mace

猫

mi

老鼠

buall

牛

qen

狗

kolibe qeni

狗屋

zorrë vaditëse

花园浇水软管

vaditëse

洒水壶

kosë

长柄大镰刀

plug

犁

drapër

镰刀

shat

锄头

kosa

长柄草耙

sëpatë

斧头

karrocë

独轮手推车

govatë

饲料槽

bidon qumështi

牛奶罐

thes

麻布袋

gardh

栅栏

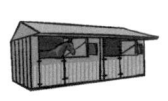

ahur

马厩

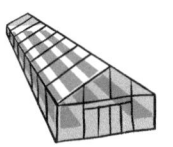

serë

温室

dhe

土壤

farë

种子

pleh

肥料

autokombanjë

联合收割机

korr

收割

te korrat

收割

patate e ëmbël "Yam"

山药

grurë

小麦

soja

大豆

patate

土豆

misër

玉米

raps

油菜籽

pemë frutore

果树

zhardhok manioku

树薯

drithëra

谷物

shtëpi
房子

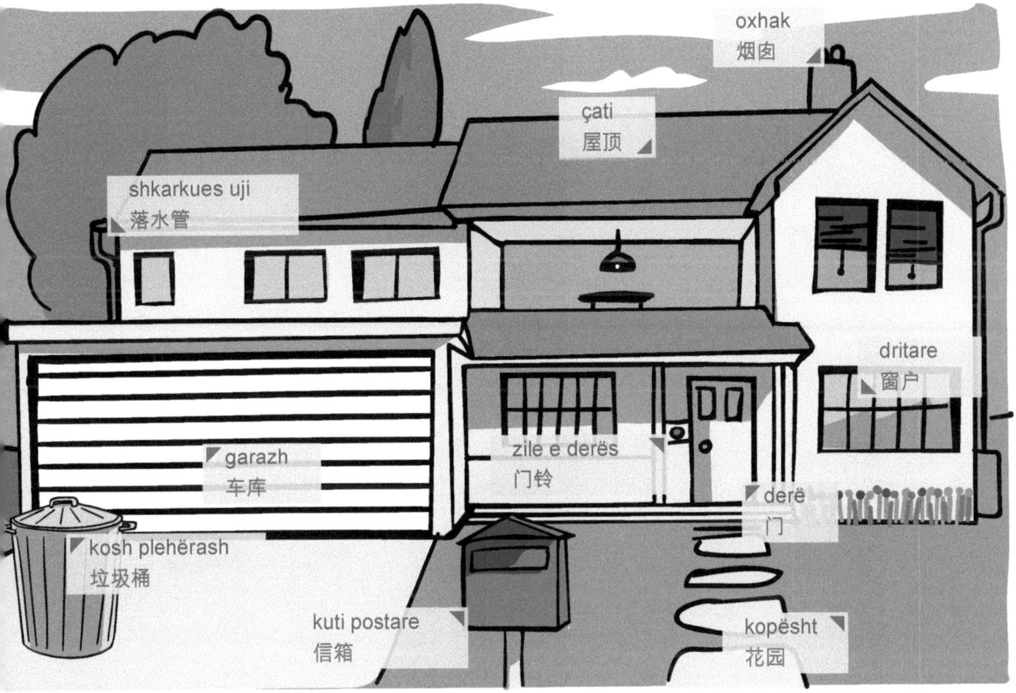

oxhak
烟囱
çati
屋顶
shkarkues uji
落水管
dritare
窗户
garazh
车库
zile e derës
门铃
derë
门
kosh plehërash
垃圾桶
kuti postare
信箱
kopësht
花园

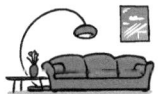

dhomë ndenjeje

客厅

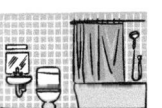

tualet

浴室

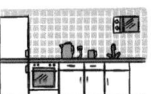

kuzhinë

厨房

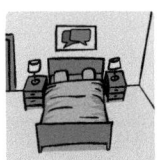

dhomë gjumi

卧室

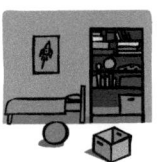

dhomë fëmijësh

儿童房

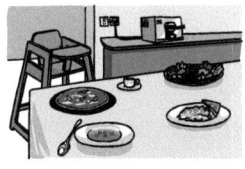

dhomë ngrënieje

餐厅

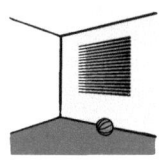

dysheme

地板

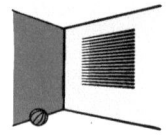

mur

墙壁

tavan

吊顶

bodrum

地窖

sauna

桑拿

ballkon

阳台

tarracë

露台

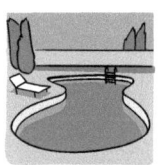

pishinë

游泳池

kositëse bari

割草机

çarçaf

被单

kuvertë

床罩

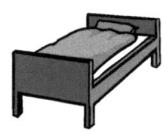

krevat

床

fshesë dore

扫帚

kovë

水桶

çelës

开关

dhomë ndenjeje

客厅

tapiceri
壁纸
fotografi
照片
llambë
台灯
raft
搁架
dollap
橱柜
pajisje televizive
电视机
vatër
壁炉
lule
花
jastëk
垫子
divan
沙发
vazo
花瓶
telekomandë
遥控器

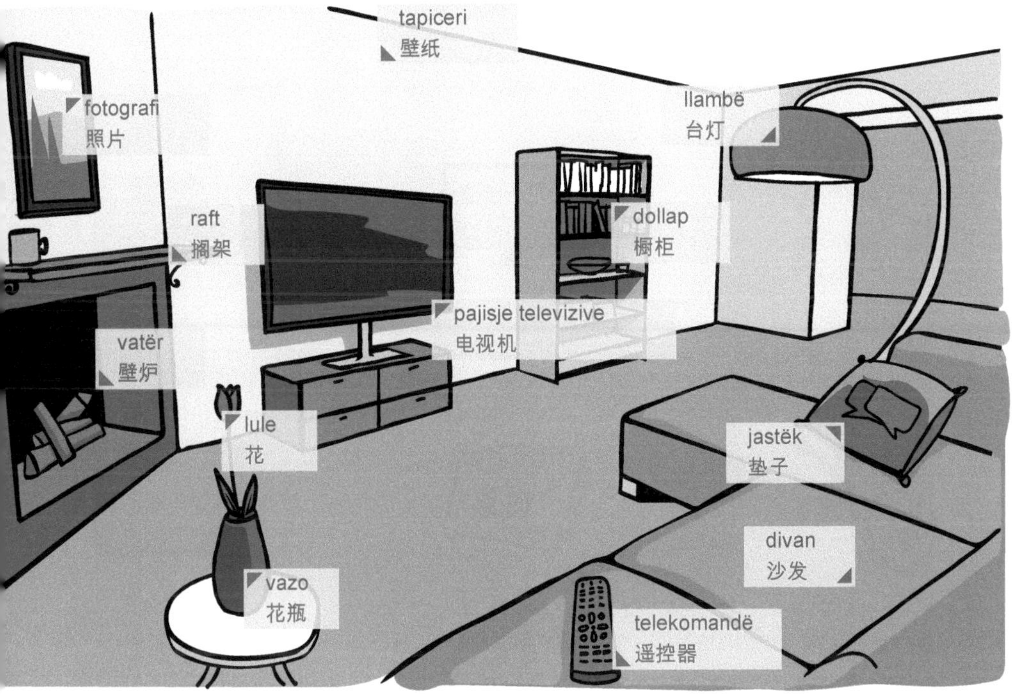

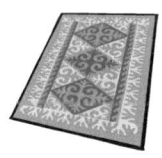

qilim

地毯

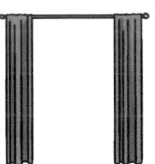

perde

窗帘

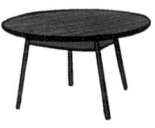

tavolinë

餐桌

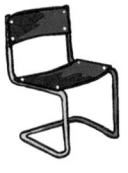

karrige

椅子

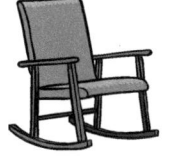

karrige lëkundëse

摇椅

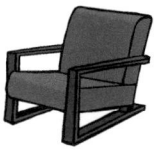

kolltuk

扶手椅

libri

书

batanije

毯子

zbukurime

装饰品

dru zjarri

木柴

film

电影

stereo

高保真音响

çelës

钥匙

gazetë

报纸

pikturë

油画

afishe

海报

radio

收音机

bllok shënimesh

笔记本

fshesë me korent

吸尘器

kaktus

仙人掌

qiri

蜡烛

kuzhinë
厨房

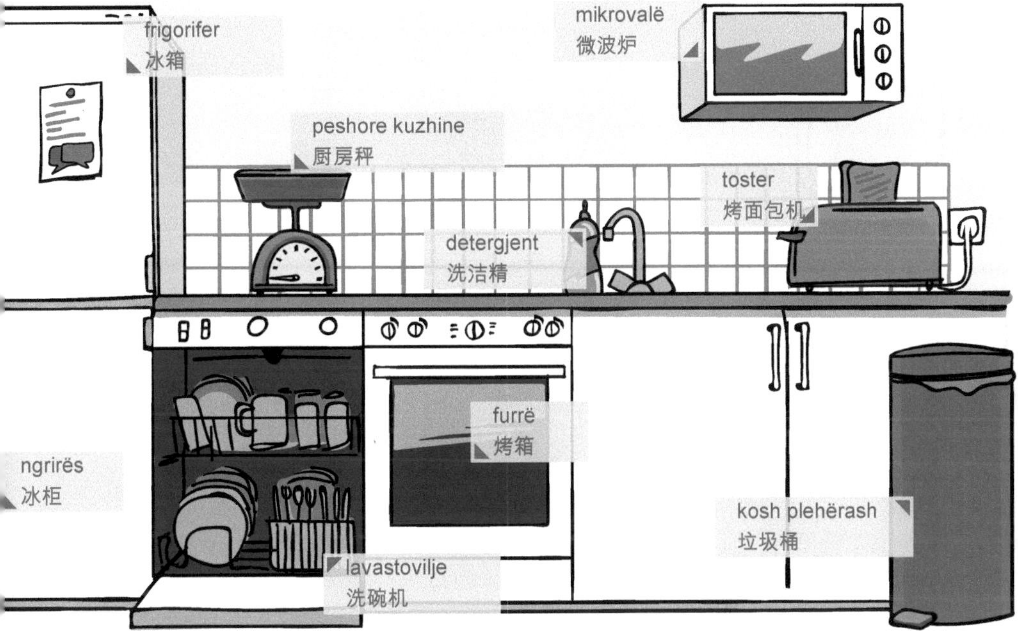

frigorifer
冰箱
mikrovalë
微波炉
peshore kuzhine
厨房秤
toster
烤面包机
detergjent
洗洁精
furrë
烤箱
ngrirës
冰柜
kosh plehërash
垃圾桶
lavastovilje
洗碗机

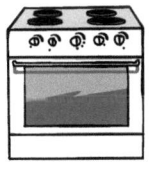

sobë

炊具

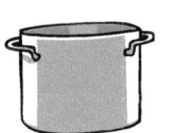

tenxhere

锅

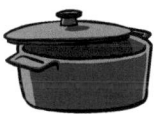

tenxhere me kapak

铸铁锅

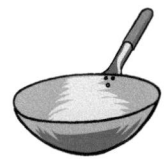

tigan special (Wok)

炒锅

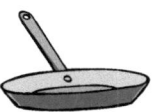

tigan

平底锅

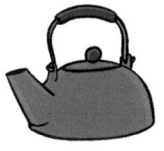

çajnik

水壶

tenxhere me avull

蒸锅

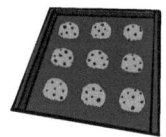

tavë pjekjeje

烤盘

enë

陶瓷锅

filxhan

马克杯

tas

碗

shkopinj

筷子

garuzhde

长柄勺

spatul

铲子

tel kuzhine

搅拌器

kulluese

滤网

sitë

筛子

rende

磨碎机

havan

研钵

skarë

烧烤

zjarr

明火

dërrasë për prerje

菜板

okllai

擀面杖

heqëse tapash

开瓶器

kanaçe

罐子

hapëse kanaçeje

开罐器

rrobë për të kapur
tenxheren

隔热手套

lavaman

水槽

furçë

刷子

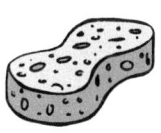

sfungjer

海绵

përzjerës

搅拌机

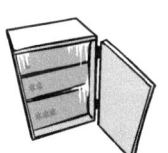

ngrirës

冷藏箱

biberon për lëngje

奶瓶

rubinet

水龙头

tualet
浴室

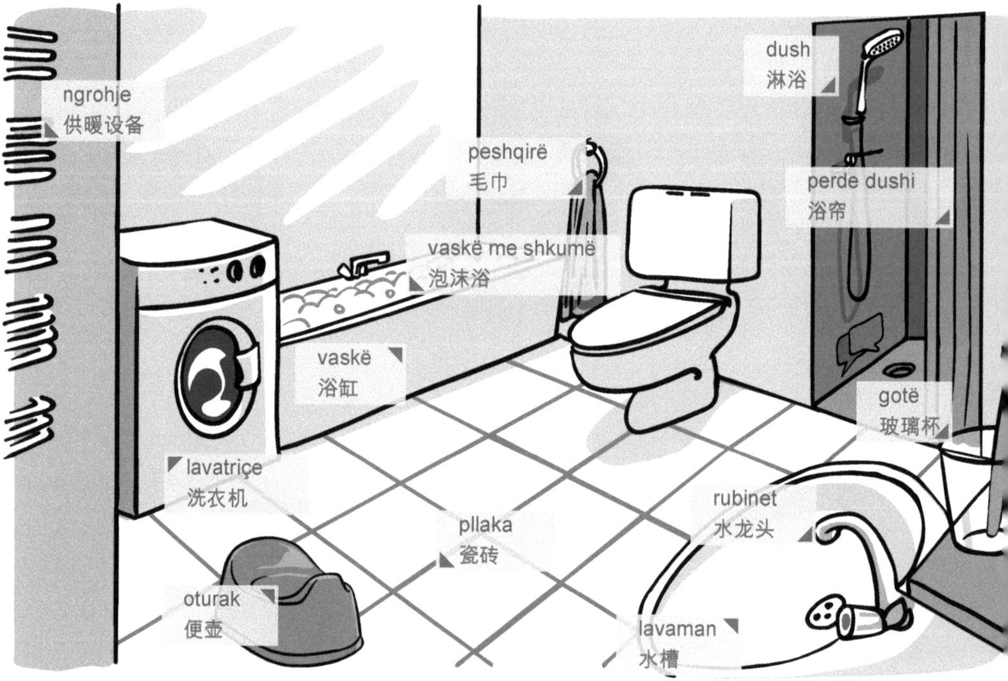

ngrohje
供暖设备
peshqirë
毛巾
dush
淋浴
perde dushi
浴帘
vaskë me shkumë
泡沫浴
vaskë
浴缸
gotë
玻璃杯
lavatriçe
洗衣机
rubinet
水龙头
pllaka
瓷砖
oturak
便壶
lavaman
水槽

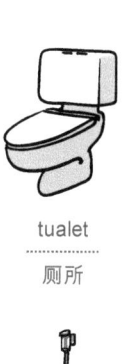

tualet
厕所

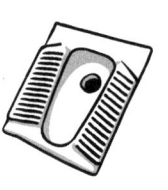

WC e sheshtë
蹲便器

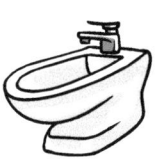

bide
坐浴器

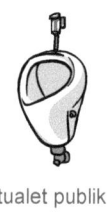

tualet publik
小便池

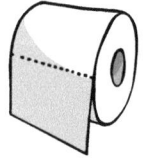

letër higjienike
厕纸

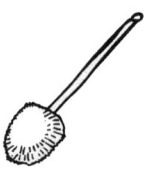

furçe për WC
马桶刷

furçë dhëmbësh

牙刷

pastë dhëmbësh

牙膏

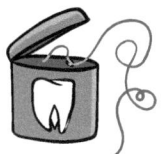

fije dentare

牙线

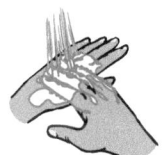

laj

洗

dorezë dushi

手持式喷淋头

larës për zonën intime

冲洗器

legen

洗脸盆

furçë për masazh shpine

擦背刷

sapun

肥皂

shampo trupi

沐浴露

shampo

洗发水

leckë pastruese

法兰绒

kullues

排水

krem

乳霜

antidjersë

除臭剂

pasqyrë

镜子

pasqyrë dore

手镜

brisk rroje

剃须刀

shkumë rroje

剃须泡沫

locion pas rrojes

须后水

krehër

梳子

furçë

刷子

tharëse flokësh

吹风机

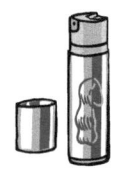

llak për flokët

喷发定型剂

grim

化妆品

buzëkuq

唇膏

manikyr

指甲油

mbushje pambuku

化妆棉

gërshërë për thonj

指甲剪

parfum

香水

ante për sendet personale

洗漱包

Stol

凳子

peshore

计重秤

robëdëshambër

浴袍

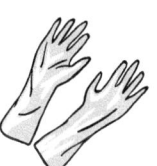

dorashka gome

橡胶手套

tampon

卫生棉条

peceta higjienike

卫生巾

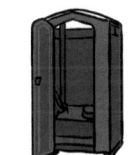

tualet I lëvizshëm

化学厕所

dhomë fëmijësh

儿童房

orë me zile
闹钟
lodra me pellushë
毛绒玩具
makinë lodër
玩具车
rraketake
拨浪鼓
shtëpi kukullash
玩具屋
dhuratë
礼物

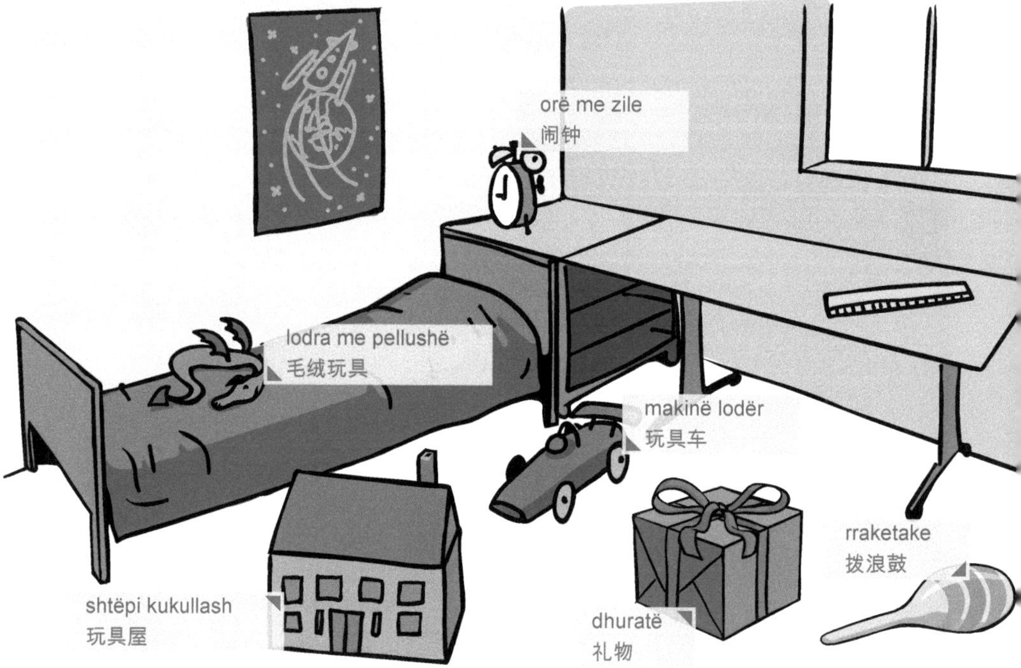

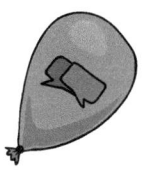

tollumbace

气球

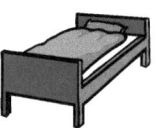

krevat

床

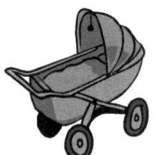

karrocë fëmijësh

（洋娃娃用）婴儿车

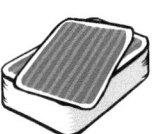

lojë me letra

扑克牌

bashkim pjesësh me figura

拼图

SUPER
MEGA

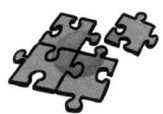

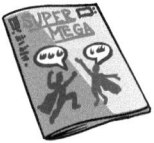

komik

漫画

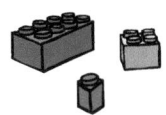

formuese lodër

乐高积木

kuba plastikë

积木玩具

lodra

玩具人

badi

婴儿服

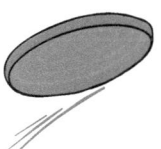

frizbi

飞盘

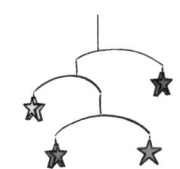

lodra të varura tek krevati i fëmijëve

床铃玩具

tavolinë lojërash

棋盘游戏

zare

骰子

model treni

火车模型

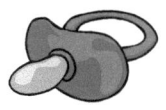

biberon

安抚奶嘴

festë

聚会

libër me ilustrime

绘本

top

球

kukull

洋娃娃

luaj

玩

grumbull rëre

沙坑

kolovarëse

秋千

lodra

玩具

leva për lojra video

游戏机

triçikël

三轮车

arush prej pellushi

泰迪熊

garderobë

衣柜

veshje

衣服

çorape

袜子

çorape të gjata

长袜

geta

紧身裤

shall
围巾

çadër
雨伞

rrip
皮带

bluzë pa jakë
T恤

atlete
运动鞋

çizme
靴子

pantofla
拖鞋

sandale

凉鞋

këpucë

鞋

çizme llastiku

雨靴

të mbathura

内裤

reçipeta

胸罩

kanotierë

背心

veshje - 衣服   45

trup

身体

pantallona

裤子

xhinse

牛仔裤

fund

短裙

bluzë

女式衬衫

këmishë

衬衫

pulovër

套头衫

triko

卫衣

xhaketë

西装夹克

xhaketë

夹克

pallto

外套

mushama shiu

雨衣

kostum

套装

fustan

连衣裙

fustan nusërie

婚纱

kostum

西装

këmishë nate

睡袍

pizhama

睡衣

sari (veshje tradicionale indiane)

莎丽

shami koke

头巾

çallmë

包头巾

eshje për femrat e besimit musliman

波卡

kaftan (lloj veshjeje tradicionale)

卡夫坦

ferexhe

(阿拉伯式)长袍

kostum banje

泳衣

rroba banje

男式泳裤

pantallona të shkurtra

短裤

tuta sporti

运动服

përparëse

围裙

dorashka

手套

kopsë

纽扣

syze

眼镜

byzylyk

手链

gjerdan

项链

unazë

戒指

vath

耳环

kapuç

便帽

varëse për pallto

衣架

kapele

帽子

kravatë

领带

zinxhir

拉链

helmetë

头盔

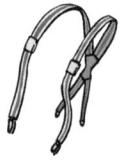

tiranda

背带

uniformë shkolle

校服

uniformë

制服

gushore

围兜

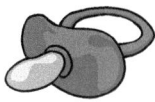

biberon

安抚奶嘴

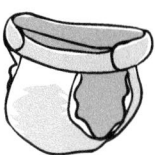

pelenë

尿不湿

zyrë

办公室

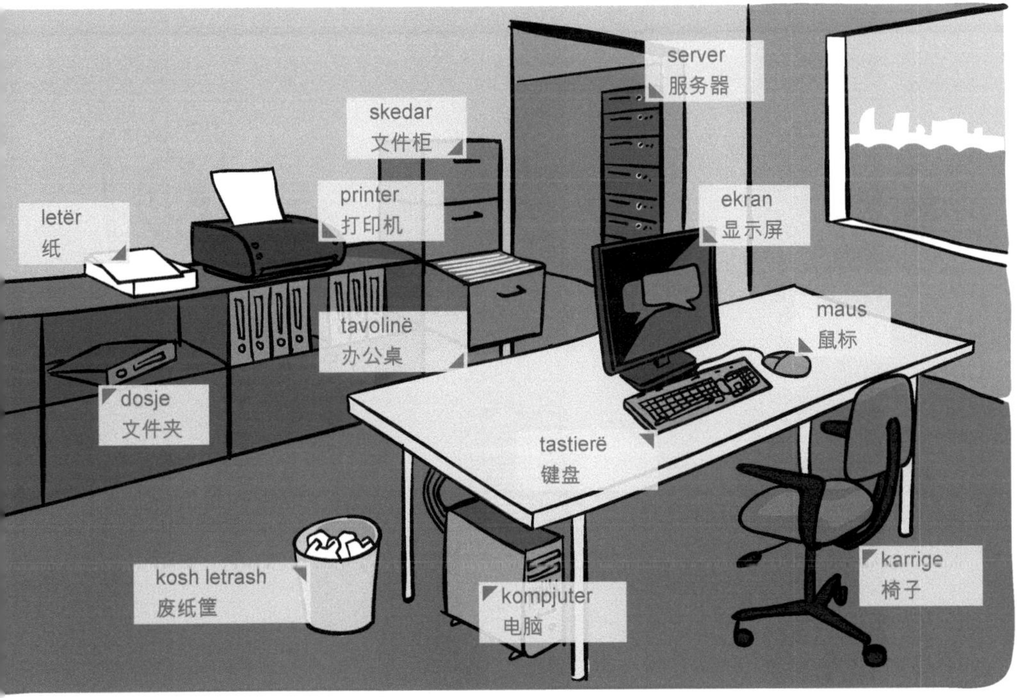

server
服务器

skedar
文件柜

printer
打印机

ekran
显示屏

letër
纸

maus
鼠标

tavolinë
办公桌

dosje
文件夹

tastierë
键盘

kosh letrash
废纸筐

kompjuter
电脑

karrige
椅子

filxhan kafeje

咖啡杯

makinë llogaritëse

计算器

internet

因特网

kompjuter portativ

笔记本电脑

letër

信件

mesazh

消息

telefon

手机

rrjet

网络

fotokopje

复印机

program

软件

telefon

电话

prizë

插座

pajisje faksi

传真机

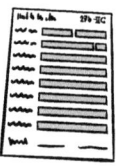

formular

表格

dokument

文件

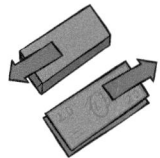

blej

买

paguaj

付钱

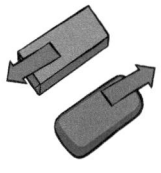

tregtoj

交易

para

现金

dollar

美元

euro

欧元

jen

日元

rubla

卢布

franga zvicerane

瑞士法郎

juani kinez

人民币

rupje

卢比

bankomat

提款处

pikë këmbimi valutor

外币兑换处

ar

金

argjend

银

nafta

石油

energji

能源

çmim

价格

kontratë

合同

taksë

税金

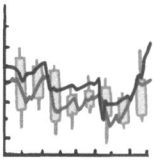

aksione

股票

punoj

工作

punonjës

职员

punëdhënës

老板

fabrikë

工厂

dyqan

商店

profesionet
职业

oficer policie
警官

zjarrfikës
消防员

kuzhinier
厨师

mjek
医生

pilot
飞行员

kopshtar

园丁

marangoz

木匠

rrobaqepëse

裁缝

gjykatës

法官

kimist

化学家

aktor

演员

shofer autobuzi

公交车司机

taksist

出租车司机

peshkatar

渔夫

pastruese

清洁女工

riparues çatish

屋顶工

kamarier

服务员

gjuetar

猎人

piktor

画家

furrxhi

面包师

elektriçist

电工

ndërtues

建筑工人

inxhinier

工程师

kasap

屠夫

hidraulik

水管工

postieri

邮递员

ushtar

士兵

arkitekt

建筑师

arkëtar

收银员

luleshitës

花农

berber

理发师

kontrollor

售票员

mekanik

机械师

kapiten

船长

dentist

牙医

shkencëtar

科学家

rabin

拉比

imam

伊玛目

murg

和尚

klerik

牧师

mjete

工具

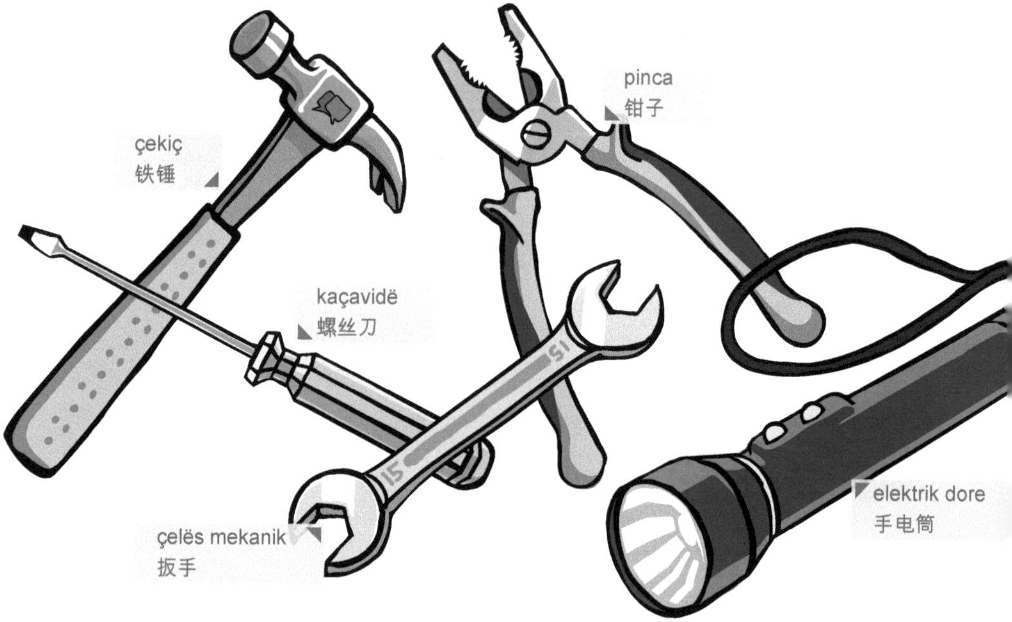

pinca
钳子
çekiç
铁锤
kaçavidë
螺丝刀
çelës mekanik
扳手
elektrik dore
手电筒

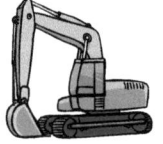

ekskavator

挖掘机

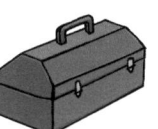

kuti veglash

工具箱

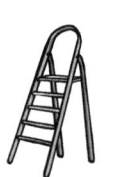

shkallë

梯子

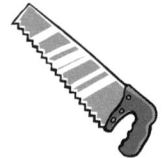

sharrë

锯子

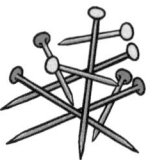

gozhdë

钉子

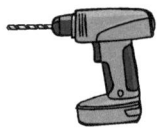

trapan

钻机

riparoj

修

lopatë

铲子

Dreq!

靠！

kaci

簸箕

kuti boje

油漆桶

vidhë

螺丝

instrumenta muzikorë
乐器

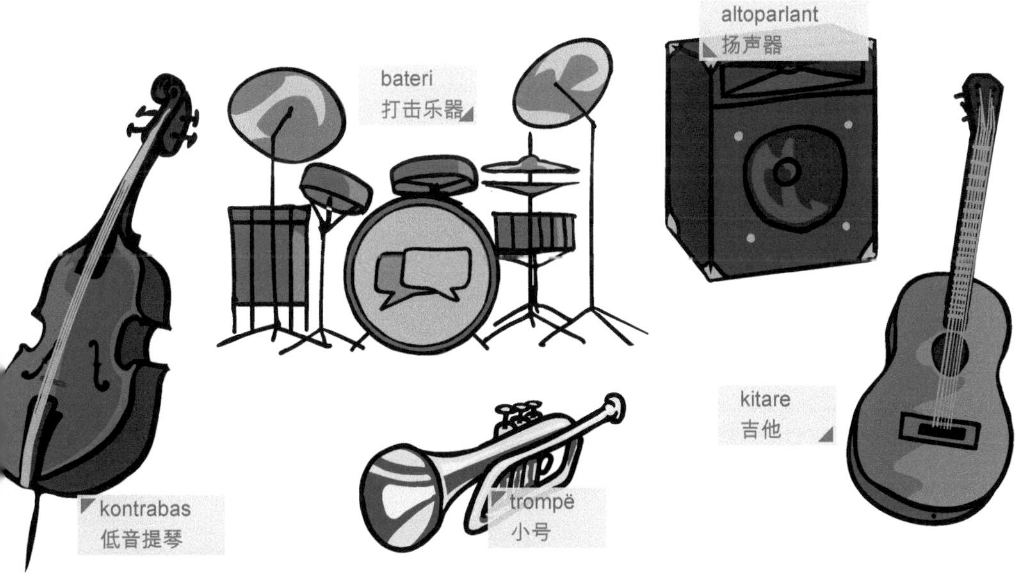

altoparlant
扬声器

bateri
打击乐器

kontrabas
低音提琴

trompë
小号

kitare
吉他

piano

钢琴

violinë

小提琴

bas

贝斯

tamburë

定音鼓

daulle

鼓

tastierë pianoje

电子琴

saksofon

萨克斯管

flaut

长笛

mikrofon

麦克风

kopsht zoologjik
动物园

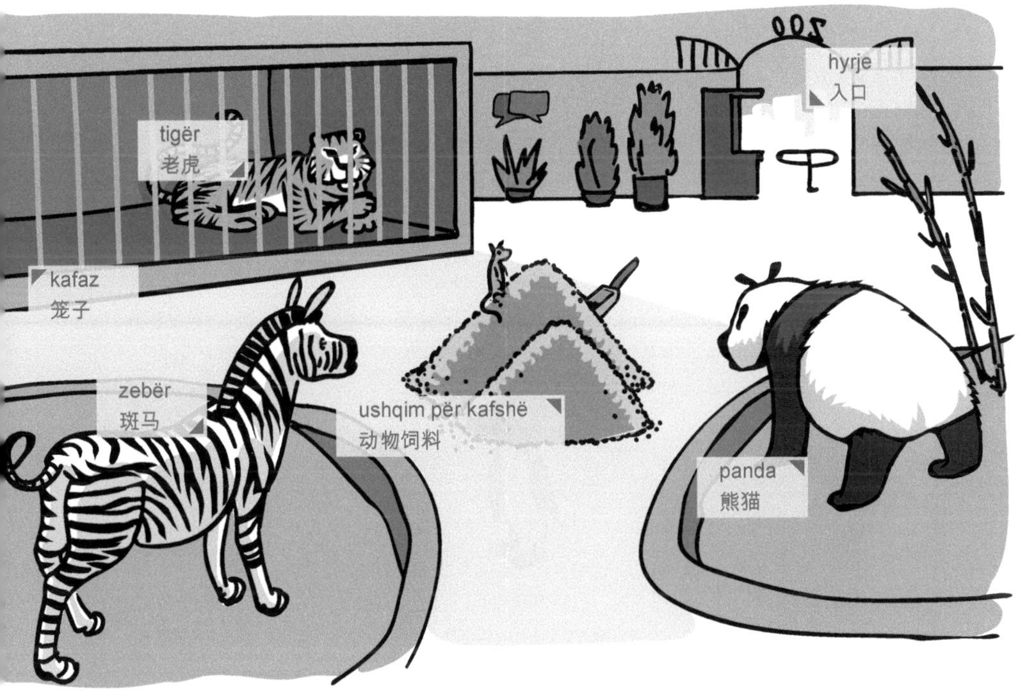

zoo
hyrje
入口
tigër
老虎
kafaz
笼子
zebër
斑马
ushqim për kafshë
动物饲料
panda
熊猫

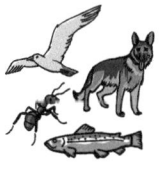

kafshë

动物

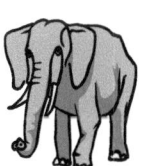

elefant

大象

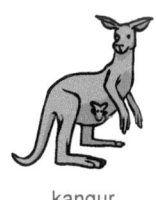

kangur

袋鼠

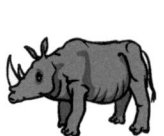

rinoceront

犀牛

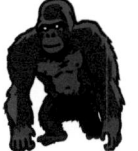

gorillë

大猩猩

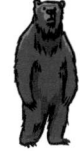

ari

熊

deve

骆驼

struc

鸵鸟

luan

狮子

majmun

猴子

flamingo

火烈鸟

papagall

鹦鹉

ari polar

北极熊

pinguin

企鹅

peshkaqen

鲨鱼

pallua

孔雀

gjarpër

蛇

krokodil

鳄鱼

punonjës i kopshtit zoologjik

动物园管理员

fokë

海豹

xhaguar

美洲豹

poni

矮种马

leopard

豹

hipopotam

河马

gjirafë

长颈鹿

shqiponjë

老鹰

derr i egër

野猪

peshk

鱼

breshkë

龟

lopë deti

海象

dhelpër

狐狸

gazelë

羚羊

futboll amerikan
橄榄球

çiklizëm
骑自行车

tenis
网球

basketboll
篮球

not
游泳

hokej mbi akull
冰球

boks
拳击

futboll
英式足球

badminton
羽毛球

atletikë
田径

hendboll
手球

ski
滑雪

polo
马球

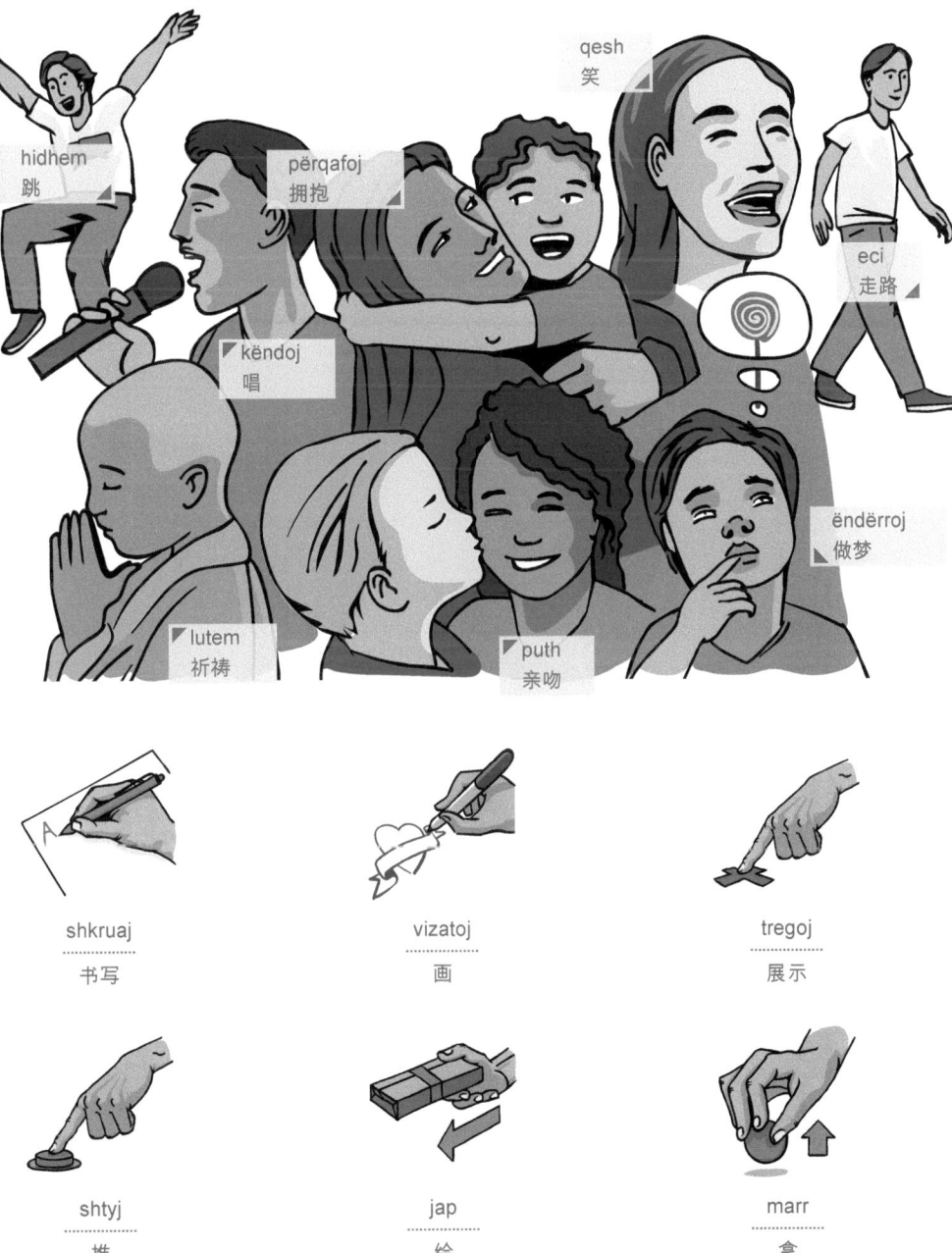

qesh
笑

hidhem
跳

përqafoj
拥抱

eci
走路

këndoj
唱

ëndërroj
做梦

lutem
祈祷

puth
亲吻

shkruaj
书写

vizatoj
画

tregoj
展示

shtyj
推

jap
给

marr
拿

kam

有

bëj

做

jam

当

qëndroj

站

vrapoj

跑

tërheq

拉

hedh

扔

bie

摔倒

shtrihem

躺

pres

等待

mbaj

携带

ulem

坐

vishem

穿衣

fle

睡觉

zgjohem

醒来

shikoj

看

qaj

哭

përkëdhel

抚摸

kreh

梳头

bisedoj

交谈

kuptoj

明白

kërkoj

问

dëgjoj

听

pi

喝

ha

吃

sistemoj

清理

dashuroj

爱

gatuaj

做饭

drejtoj makinën

开车

fluturoj

飞

lundroj

航行

llogaris

计算

lexoj

读

mësoj

学习

punoj

工作

martohem

结婚

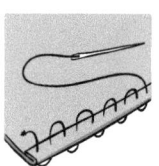

qep

缝

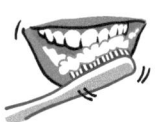

laj dhëmbët

刷牙

vras

杀

tymos

抽烟

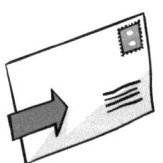

dërgoj

寄

gjyshe
祖母

gjysh
祖父

baba
父亲

nënë
母亲

bebe
婴童

vajzë
女儿

djalë
儿子

mysafir

客人

teze, hallë

阿姨

dajë, xhaxha

叔叔

vëlla

兄弟

motër

姐妹

trupi
身体

balli
前额
syri
眼睛
shpatulla
肩膀
gishti
手指
fytyra
脸
mjekra
下巴
dora
手
krahërori
乳房
këmba
腿
krahu
手臂

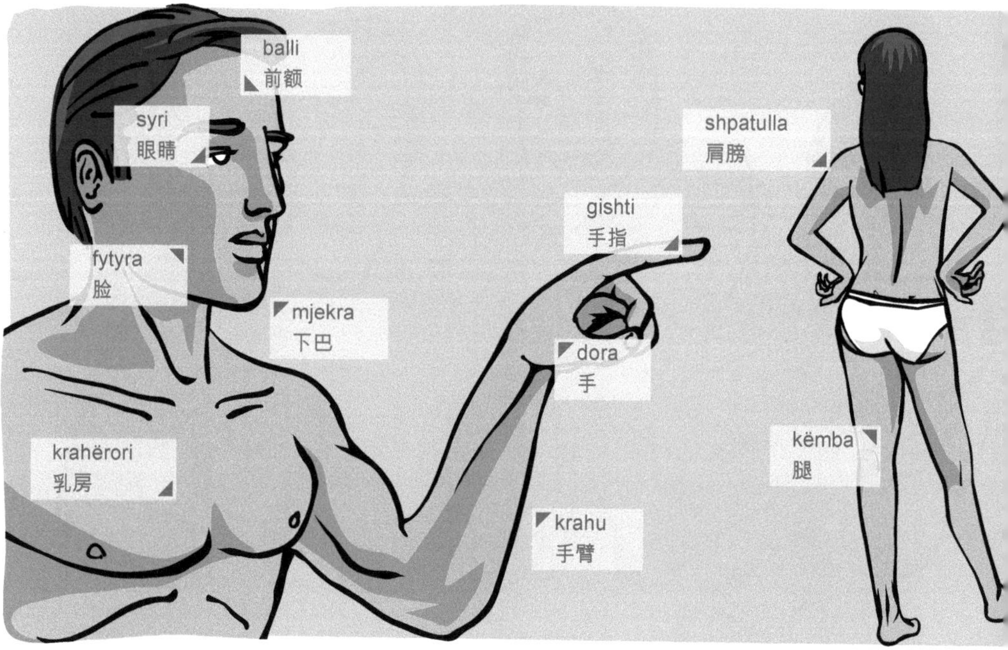

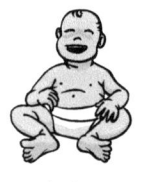

bebe
婴童

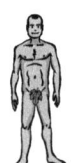

burrë
男人

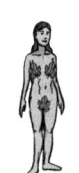

grua
女人

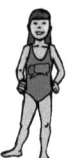

vajzë
女孩

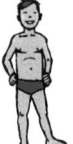

djalë
男孩

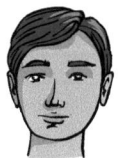

koka
头

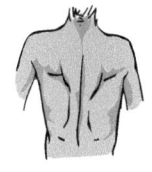

shpina

背部

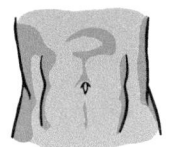

barku

肚子

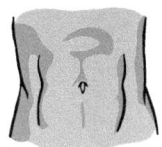

kërthiza

肚脐

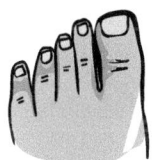

gisht këmbe

脚趾

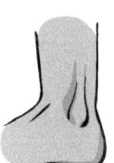

Thembra

脚后跟

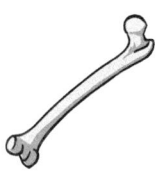

kockë

骨头

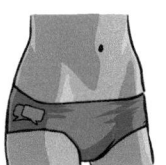

legeni

臀部

gjuri

膝盖

bërryli

手肘

hunda

鼻子

vithe

屁股

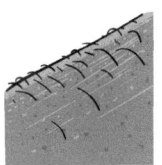

lëkura

皮肤

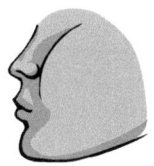

faqja

脸颊

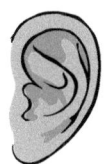

veshi

耳朵

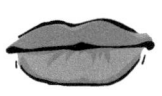

buza

嘴唇

goja
嘴

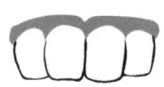

dhëmbët
牙齿

gjuha
舌头

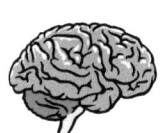

truri
脑

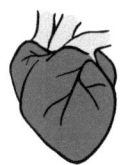

zemra
心脏

muskul
肌肉

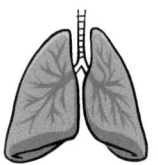

mushkëria
肺

mëlçia
肝脏

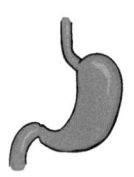

stomaku
胃

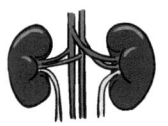

veshka
肾脏

seks
性交

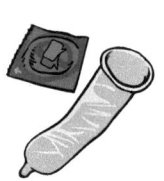

prezervativ
避孕套

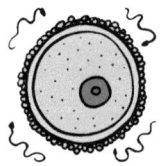

veza
卵子

sperma
精子

shtatëzani
怀孕

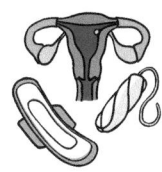

menstruacione
月经

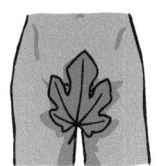

vagina
阴道

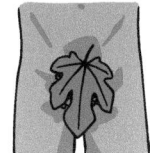

penis
阴茎

vetulla
眉毛

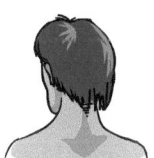

flokët
头发

qafa
脖子

spital
医院

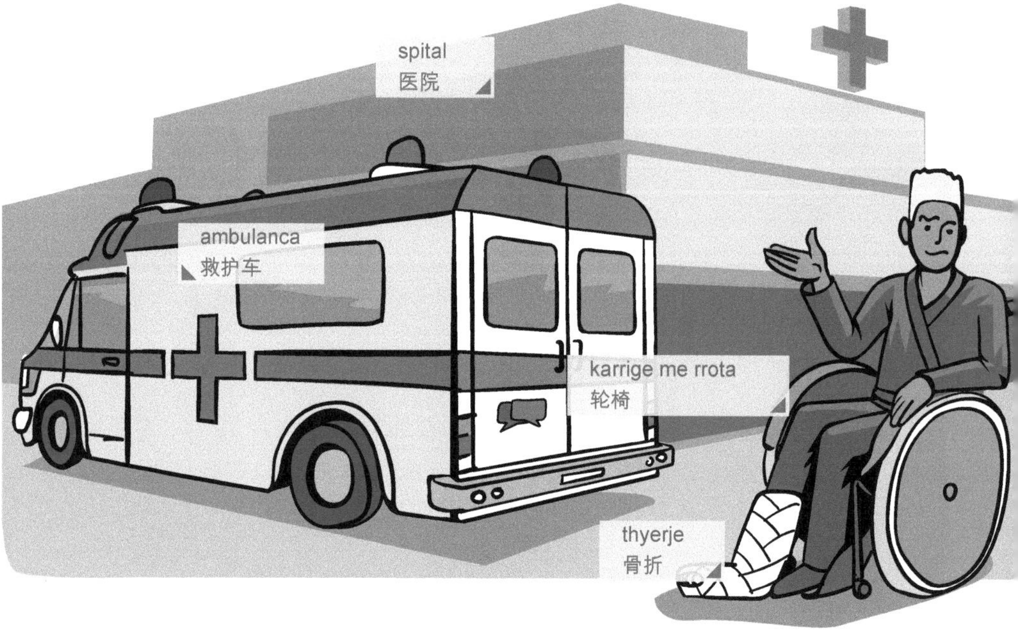

spital
医院
ambulanca
救护车
karrige me rrota
轮椅
thyerje
骨折

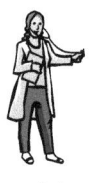

mjek
医生

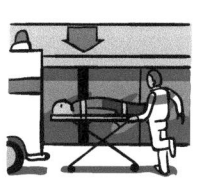

sallë urgjencash
急诊室

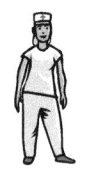

infermiere
护士

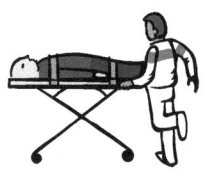

emergjencë
紧急情况

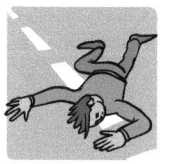

i pandërgjegjshëm
昏迷

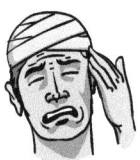

dhimbje
痛

dëmtim

受伤

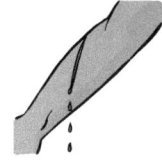

gjakosje

出血

infarkt

心脏病发作

goditje

中风

alergji

过敏

kolla

咳嗽

ethe

发烧

grip

流感

diarre

腹泻

dhimbje koke

头痛

kancer

癌症

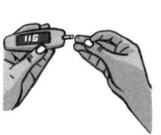

diabet

糖尿病

kirurg

外科医生

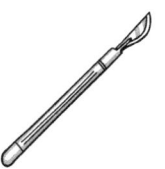

bisturi

手术刀

operacion

手术

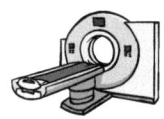

CT (skaner)

CT

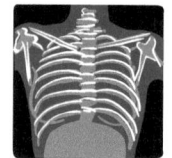

radiografi

X光

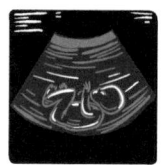

ultratingull

超声波

maskë fytyre

口罩

sëmundje

疾病

dhomë pritjeje

候诊室

paterica

拐杖

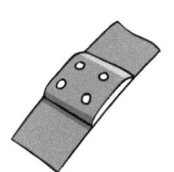

leukoplast

石膏

fasho

绷带

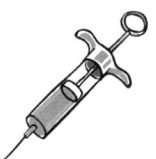

injeksion

注射

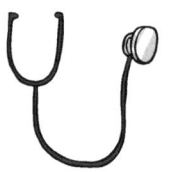

stetoskop

听诊器

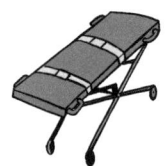

barelë

担架

termometër

体温计

lindje

出生

mbipeshë

超重

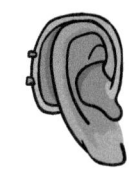

aparat dëgjimi

助听器

dezinfektant

消毒液

infeksion

感染

virus

病毒

HIV / AIDS

艾滋病

mjekësi, mjekim

药物

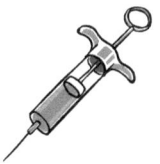

vaksinim

接种疫苗

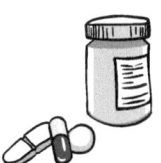

tableta

药片

pilulë

药丸

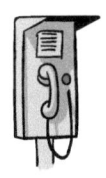

telefonatë emergjence

急救电话

aparat tensioni

血压计

i sëmurë / i shëndetshëm

生病/健康

Ndihmë!

救命！

alarm

警报

sulm

突击

atak

攻击

rrezik

危险

dalje emergjence

紧急出口

Zjarr!

着火啦！

fikëse zjarri

灭火器

aksident

意外

kuti e ndimës së shpejtë

急救箱

SOS

呼救信号

policia

警察

Europa

欧洲

Amerika e Veriut

北美洲

Amerika e Jugut

南美洲

Afrika

非洲

Azia

亚洲

Australia

澳洲

Atlantiku

大西洋

Paqësori

太平洋

Oqeani Indian

印度洋

Oqeani Antarktik

南冰洋

Oqeani Arktik

北冰洋

Poli i veriut

北极

Poli i Jugut

南极

Antarktida

南极洲

toka

地球

tokë

陆地

det

海

ishull

岛

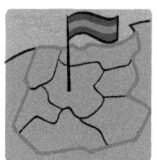

komb

国家

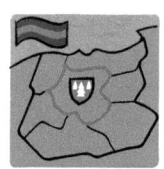

shtet

国家

fusha e orës

钟面

akrepi i orës

时针

akrepi i minutave

分针

akrepi i sekondave

秒针

Sa është ora?

现在几点？

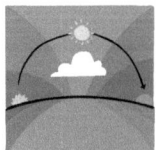

ditë

天

kohë

时间

tani

现在

orë dixhitale

电子表

minutë

分

orë

时

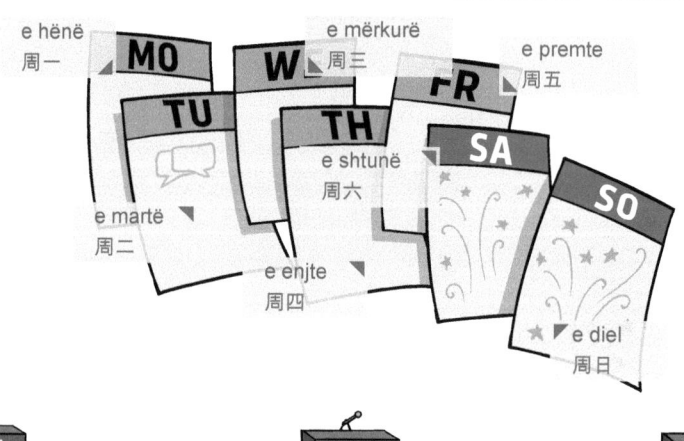

e hënë 周一 MO
e mërkurë 周三 W
e premte 周五 FR
TU
TH
e shtunë 周六 SA
e martë 周二
e enjte 周四
SO
e diel 周日

dje

昨天

sot

今天

nesër

明天

mëngjes

早晨

mesditë

中午

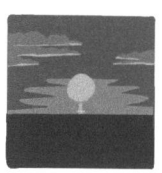

mbrëmje

晚上

ditë pune

工作日

fundjavë

周末

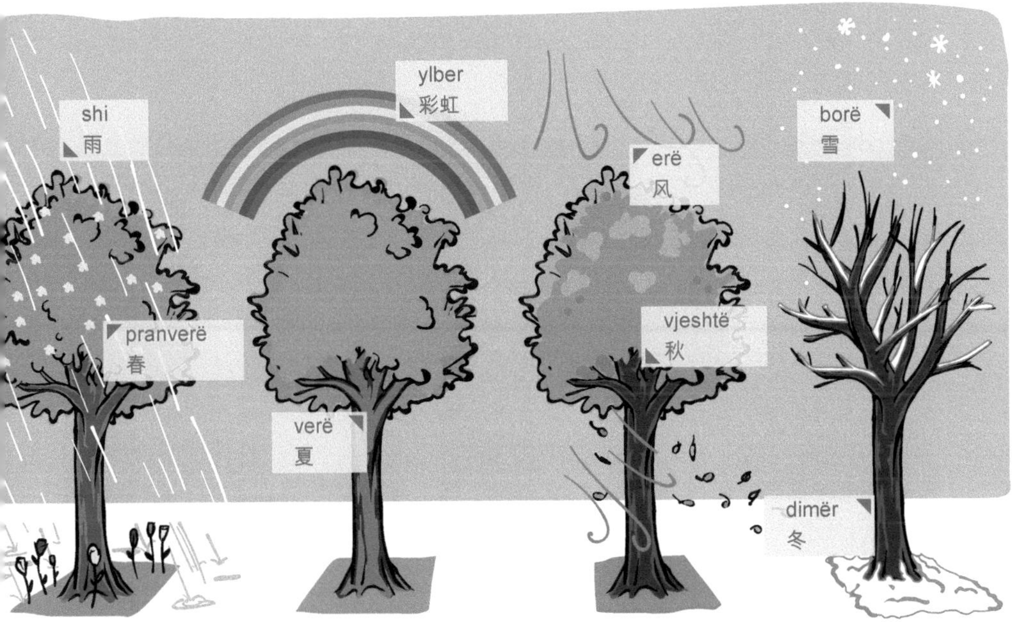

shi
雨
ylber
彩虹
erë
风
borë
雪
pranverë
春
verë
夏
vjeshtë
秋
dimër
冬

4.APRIL 11°
5.APRIL 4°
6.APRIL 13°
7.APRIL 8°
8.APRIL 10°

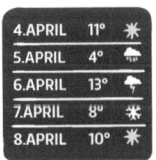

parashikimi i motit

天气预报

F
C

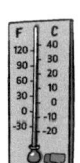

termometër

温度计

ndriçim dielli

阳光

re

云

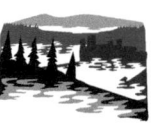

mjegull

雾

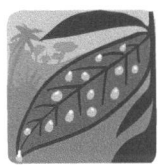

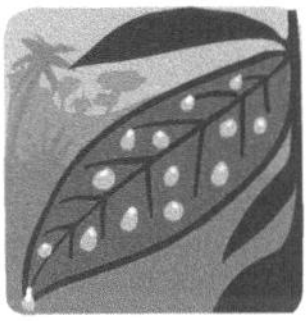

lagështi

潮湿

vetëtima

闪电

gjëmim

打雷

stuhi

风暴

breshër

冰雹

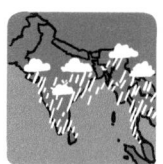

muson

季风

përmbytje

洪水

akull

冰

janar

一月

shkurt

二月

mars

三月

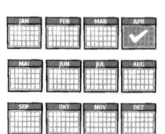

prill

四月

maj

五月

qershor

六月

korrik

七月

gusht

八月

shtator

九月

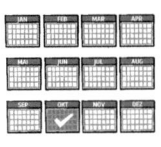

tetor

十月

nëntor

十一月

dhjetor

十二月

forma

形状

rreth

圆形

katror

正方形

drejtkëndësh

长方形

trekëndësh

三角形

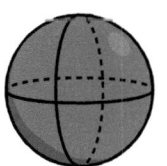

sferë

球体

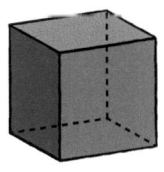

kub

立方体

e bardhë

白

e verdhë

黄

portokalli

橙

rozë

粉

e kuqe

红

vjollcë

紫

blu

蓝

e gjelbër

绿

kafe

棕

gri

灰

e zezë

黑

shumë / pak

很多/少许

i nevrikosur / i qetë

生气/平静

i bukur / i shëmtuar

美/丑

fillim / fund

首/尾

i madh / i vogël

大/小

i ndritshëm / i errët

明/暗

vëlla / motër

兄弟/姐妹

e pastër / e pistë

干净/肮脏

e plotë / jo e plotë

完整/缺失

ditë / natë

白天/晚上

gjallë / vdekur

死/生

i gjerë / i ngushtë

宽/窄

i ngrënshëm / i pangrënshëm

可食用/非食用

i keq / i këndshëm

邪恶/善良

i lumtur / i mërzitur

兴奋/无聊

i shëndoshë / i dobët

胖/瘦

e para / e fundit

第一/最后

mik / armik

朋友/敌人

plot / bosh

满/空

e fortë / e butë

硬/软

e rëndë / e lehtë

重/轻

uri / etje

饿/渴

i sëmurë / i shëndetshëm

生病/健康

e paligjshme / e ligjshme

非法/合法

i zgjuar / budalla

聪明/愚笨

majtas / djathtas

左/右

afër / larg

近/远

e re / e përdorur

新/旧

asgjë / diçka

没有/有些

i moshuar / i ri

老/幼

ndezur / fikur

开/关

hapur / mbyllur

打开/合上

i qetë / i zhurmshëm

安静/吵闹

i pasur / i varfër

富/穷

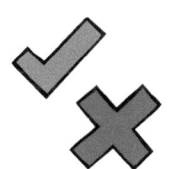

e drejtë / e gabuar

对/错

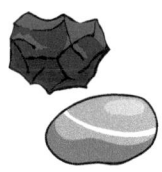

i ashpër / i butë

粗糙/光滑

i mërzitur / i lumtur

伤心/高兴

i shkurtër / i gjatë

短/长

ngadalë / shpejt

慢/快

i lagësht / i thatë

湿/干

ngrohtë / freskët

温暖/凉爽

luftë / paqe

战争/和平

0

zero

零

1

një

一

2

dy

二

3

tre

三

4

katër

四

5

pesë

五

6

gjashtë

六

7

shtatë

七

8

tetë

八

9

nentë

九

10

dhjetë

十

11

njëmbëdhjetë

十一

12

dymbëdhjetë

十二

13

trembëdhjetë

十三

14

katërmbëdhjetë

十四

15

pesëmbëdhjetë

十五

16

gjashtëmbëdhjetë

十六

17

shtatëmbëdhjetë

十七

18

tetëmbëdhjetë

十八

19

nentëmbëdhjetë

十九

20

njëzetë

二十

100

qind

百

1.000

mijë

千

1.000.000

milion

百万

anglisht

英语

anglishte amerikane

美式英语

kinezisht mandarin

普通话

hindi

印地语

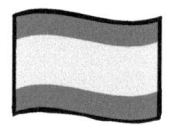

spanjisht

西班牙语

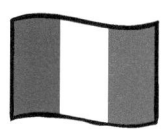

frëngjisht

法语

arabisht

阿拉伯语

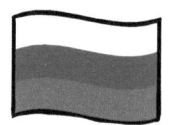

rusisht

俄语

portugalisht

葡萄牙语

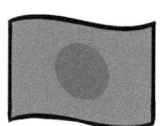

bengalisht

孟加拉语

gjermanisht

德语

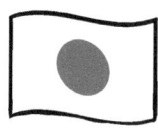

japonisht

日语

unë

我

ti

你

ai / ajo

他/她/它

ne

我们

ju

你们

ata

他们

kush?

谁？

çfarë?

什么？

si?

怎样？

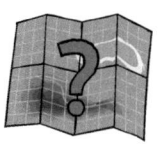

ku?

哪里？

kur?

什么时候？

emër

名字

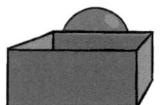

pas

后面

në

里面

përballë

前面

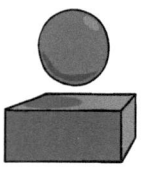

sipër

上方

mbi

上面

poshtë

下面

pranë

旁边

midis

中间

vend

地点